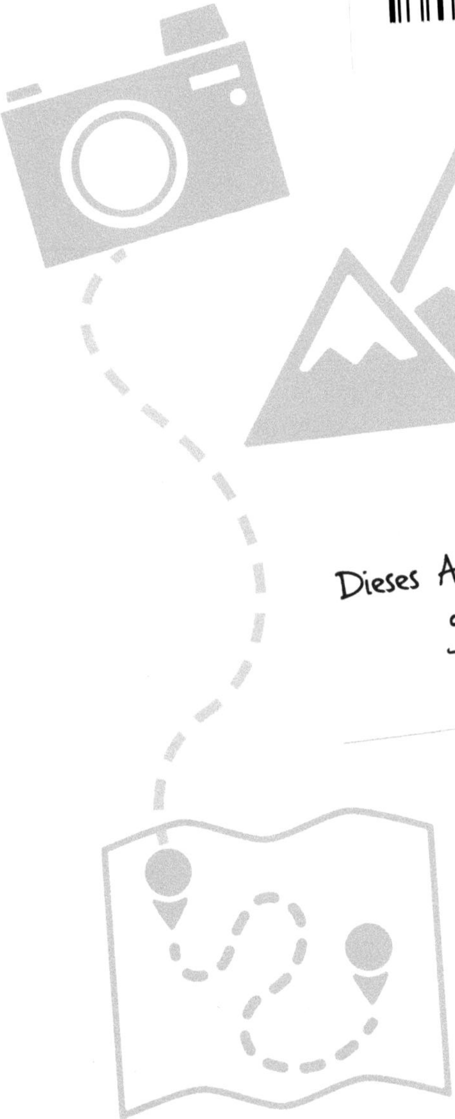

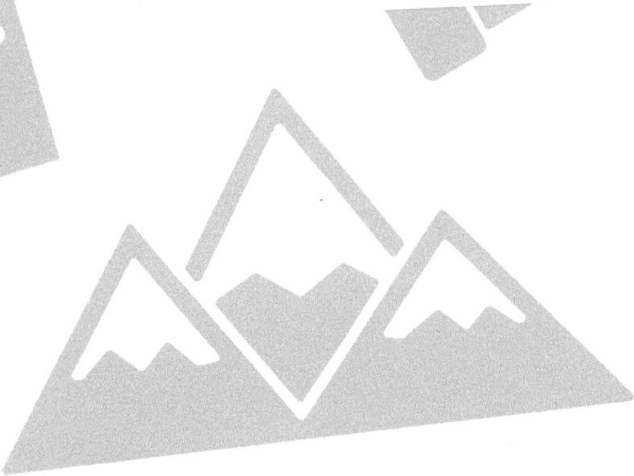

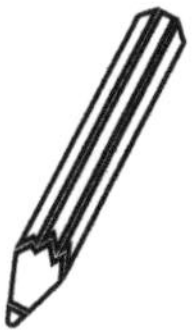

Dieses Alpentagebuch gehört:

edition riedenburg

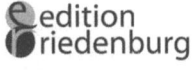

Ich liebe das Wandern!

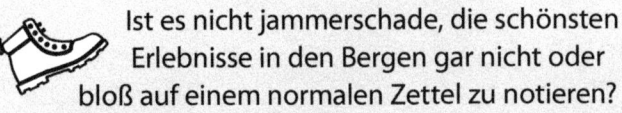 Ist es nicht jammerschade, die schönsten Erlebnisse in den Bergen gar nicht oder bloß auf einem normalen Zettel zu notieren?

In deinem Alpentagebuch kannst du ab sofort alle deine Wandertage rasch und unkompliziert festhalten. Symbole helfen dir dabei, Zeit zu sparen und eine Wander-Etappe innerhalb weniger Minuten auszufüllen.

Natürlich gibt es ausreichend Platz für Erinnerungen an genaue Routen, das Wetter und die Verpflegung. Außerdem kannst du die drei schönsten Erlebnisse küren.

Hattet ihr einen Spruch des Tages, ein lustiges Spiel oder besonders wirkungsvolle Wanderlieder? Merke sie dir gemeinsam mit den beobachteten Tieren und bestimmten Fundstücken.

Im Alpentagebuch ist selbstverständlich auch der richtige Platz für Hüttenstempel, Aufkleber, Erinnerungsfotos, getrocknete Blätter oder was auch immer du für die Zukunft bewahren möchtest.

Viel Spaß beim Wandern und Entdecken!

PS: Ein Ausfüll-Muster findest du ab Seite 64.

Das bin ich.

Das ist meine Familie.

Mein persönliches Inhaltsverzeichnis

Kurzbeschreibung der Tour   Seite

Kurzbeschreibung der Tour 　Seite

Tag [   ]   Datum [   ]

Wir sind von [   ]

nach [   ] gewandert.

Das waren [   ] km und [   ] Höhenmeter.

So steil ging es bergauf:

So steil ging es bergab:

So ging es rauf und runter:

So war das Wetter:

So habe ich mich gefühlt:

Das habe ich gegessen:

Das habe ich getrunken:

Ich war gemeinsam unterwegs mit:

Mein Wandertag in sechs Worten:

Spruch des Tages:

Spiel des Tages:

Lied des Tages:

Tiere:

Fundstücke:

Meine drei schönsten Erlebnisse:

Platz für Stempel / Bilder / Fotos / getrocknete Blätter oder Blüten / Aufkleber

Tag [ ]   Datum [ ]

Wir sind von [ ]

nach [ ] gewandert.

Das waren [ ] km und [ ] Höhenmeter.

So steil ging es bergauf:

So steil ging es bergab:

So ging es rauf und runter:

So war das Wetter:

So habe ich mich gefühlt:

Das habe ich gegessen:

Das habe ich getrunken:

Ich war gemeinsam unterwegs mit:

Mein Wandertag in sechs Worten:

Spruch des Tages:

Spiel des Tages:

Lied des Tages:

Tiere:

Fundstücke:

Meine drei schönsten Erlebnisse:

Platz für Stempel / Bilder / Fotos /
getrocknete Blätter oder Blüten / Aufkleber

Tag [   ]   Datum [   ]

Wir sind von [   ]

nach [   ] gewandert.

Das waren [   ] km und [   ] Höhenmeter.

So steil ging es bergauf:

So steil ging es bergab:

So ging es rauf und runter:

So war das Wetter:

So habe ich mich gefühlt:

Das habe ich gegessen:

Das habe ich getrunken:

Ich war gemeinsam unterwegs mit:

Mein Wandertag in sechs Worten:

Spruch des Tages:

Spiel des Tages:

Lied des Tages:

Tiere:

Fundstücke:

Meine drei schönsten Erlebnisse:

Platz für Stempel / Bilder / Fotos / getrocknete Blätter oder Blüten / Aufkleber

Tag _____ Datum _____

Wir sind von _____

nach _____ gewandert.

Das waren _____ km und _____ Höhenmeter.

So steil ging es bergauf:

So steil ging es bergab:

So ging es rauf und runter:

So war das Wetter:

So habe ich mich gefühlt:

Das habe ich gegessen:

Das habe ich getrunken:

Ich war gemeinsam unterwegs mit:

Mein Wandertag in sechs Worten:

Spruch des Tages:

Spiel des Tages:

Lied des Tages:

Tiere:

Fundstücke:

Meine drei schönsten Erlebnisse:

Platz für Stempel / Bilder / Fotos / getrocknete Blätter oder Blüten / Aufkleber

Tag [ ]   Datum [ ]

Wir sind von [ ]

nach [ ] gewandert.

Das waren [ ] km und [ ] Höhenmeter.

So steil ging es bergauf:

So steil ging es bergab:

So ging es rauf und runter:

So war das Wetter:

So habe ich mich gefühlt:

Das habe ich gegessen:

Das habe ich getrunken:

Ich war gemeinsam unterwegs mit:

Mein Wandertag in sechs Worten:

Spruch des Tages:

Spiel des Tages:

Lied des Tages:

Tiere:

Fundstücke:

Meine drei schönsten Erlebnisse:

Platz für Stempel / Bilder / Fotos / getrocknete Blätter oder Blüten / Aufkleber

Tag [   ]   Datum [   ]

Wir sind von [   ]

nach [   ] gewandert.

Das waren [   ] km und [   ] Höhenmeter.

So steil ging es bergauf:

So steil ging es bergab:

So ging es rauf und runter:

So war das Wetter:

So habe ich mich gefühlt:

Das habe ich gegessen:

Das habe ich getrunken:

Ich war gemeinsam unterwegs mit:

Mein Wandertag in sechs Worten:

Spruch des Tages:

Spiel des Tages:

Lied des Tages:

Tiere:

Fundstücke:

Meine drei schönsten Erlebnisse:

Platz für Stempel / Bilder / Fotos /
getrocknete Blätter oder Blüten / Aufkleber

Tag _____ Datum _____

Wir sind von _____

nach _____ gewandert.

Das waren _____ km und _____ Höhenmeter.

So steil ging es bergauf:

So steil ging es bergab:

So ging es rauf und runter:

So war das Wetter:

So habe ich mich gefühlt:

Das habe ich gegessen:

Das habe ich getrunken:

Ich war gemeinsam unterwegs mit:

Mein Wandertag in sechs Worten:

Spruch des Tages:

Spiel des Tages:

Lied des Tages:

Tiere:

Fundstücke:

Meine drei schönsten Erlebnisse:

Platz für Stempel / Bilder / Fotos / getrocknete Blätter oder Blüten / Aufkleber

Tag ( ) Datum ( )

Wir sind von ( )

nach ( ) gewandert.

Das waren ( ) km und ( ) Höhenmeter.

So steil ging es bergauf:

So steil ging es bergab:

So ging es rauf und runter:

So war das Wetter:

So habe ich mich gefühlt:

Das habe ich gegessen:

Das habe ich getrunken:

Ich war gemeinsam unterwegs mit:

Mein Wandertag in sechs Worten:

Spruch des Tages:

Spiel des Tages:

Lied des Tages:

Tiere:

Fundstücke:

Meine drei schönsten Erlebnisse:

Platz für Stempel / Bilder / Fotos / getrocknete Blätter oder Blüten / Aufkleber

Tag [   ] Datum [   ]

Wir sind von [   ]

nach [   ] gewandert.

Das waren [   ] km und [   ] Höhenmeter.

So steil ging es bergauf:

So steil ging es bergab:

So ging es rauf und runter:

So war das Wetter:

So habe ich mich gefühlt:

Das habe ich gegessen:

Das habe ich getrunken:

Ich war gemeinsam unterwegs mit:

Mein Wandertag in sechs Worten:

Spruch des Tages:

Spiel des Tages:

Lied des Tages:

Tiere:

Fundstücke:

Meine drei schönsten Erlebnisse:

Platz für Stempel / Bilder / Fotos / getrocknete Blätter oder Blüten / Aufkleber

Tag ⬚ Datum ⬚

Wir sind von ⬚

nach ⬚ gewandert.

Das waren ⬚ km und ⬚ Höhenmeter.

So steil ging es bergauf:

So steil ging es bergab:

So ging es rauf und runter:

So war das Wetter:

So habe ich mich gefühlt:

Das habe ich gegessen:

Das habe ich getrunken:

Ich war gemeinsam unterwegs mit:

Mein Wandertag in sechs Worten:

Spruch des Tages:

Spiel des Tages:

Lied des Tages:

Tiere:

Fundstücke:

Meine drei schönsten Erlebnisse:

Platz für Stempel / Bilder / Fotos / getrocknete Blätter oder Blüten / Aufkleber

Tag [   ]   Datum [   ]

Wir sind von [   ]

nach [   ] gewandert.

Das waren [   ] km und [   ] Höhenmeter.

So steil ging es bergauf:

So steil ging es bergab:

So ging es rauf und runter:

So war das Wetter:

So habe ich mich gefühlt:

Das habe ich gegessen:

Das habe ich getrunken:

Ich war gemeinsam unterwegs mit:

Mein Wandertag in sechs Worten:

Spruch des Tages:

Spiel des Tages:

Lied des Tages:

Tiere:

Fundstücke:

Meine drei schönsten Erlebnisse:

Platz für Stempel / Bilder / Fotos / getrocknete Blätter oder Blüten / Aufkleber

Tag ⬜ Datum ⬜

Wir sind von ⬜

nach ⬜ gewandert.

Das waren ⬜ km und ⬜ Höhenmeter.

So steil ging es bergauf:

So steil ging es bergab:

So ging es rauf und runter:

So war das Wetter:

So habe ich mich gefühlt:

Das habe ich gegessen:

Das habe ich getrunken:

Ich war gemeinsam unterwegs mit:

Mein Wandertag in sechs Worten:

Spruch des Tages:

Spiel des Tages:

Lied des Tages:

Tiere:

Fundstücke:

Meine drei schönsten Erlebnisse:

Platz für Stempel / Bilder / Fotos / getrocknete Blätter oder Blüten / Aufkleber

Tag [＿＿＿＿] Datum [＿＿＿＿]

Wir sind von [＿＿＿＿＿＿＿＿]

nach [＿＿＿＿＿＿＿＿] gewandert.

Das waren [＿＿＿] km und [＿＿＿] Höhenmeter.

So steil ging es bergauf:

So steil ging es bergab:

So ging es rauf und runter:

So war das Wetter:

So habe ich mich gefühlt:

Das habe ich gegessen:

Das habe ich getrunken:

Ich war gemeinsam unterwegs mit:

Mein Wandertag in sechs Worten:

Spruch des Tages:

Spiel des Tages:

Lied des Tages:

Tiere:

Fundstücke:

Meine drei schönsten Erlebnisse:

Platz für Stempel / Bilder / Fotos /
getrocknete Blätter oder Blüten / Aufkleber

Tag [   ] Datum [   ]

Wir sind von [   ]

nach [   ] gewandert.

Das waren [   ] km und [   ] Höhenmeter.

So steil ging es bergauf:

So steil ging es bergab:

So ging es rauf und runter:

[   ]

So war das Wetter:

So habe ich mich gefühlt:

Das habe ich gegessen:

Das habe ich getrunken:

Ich war gemeinsam unterwegs mit:

Mein Wandertag in sechs Worten:

Spruch des Tages:

Spiel des Tages:

Lied des Tages:

Tiere:

Fundstücke:

Meine drei schönsten Erlebnisse:

Platz für Stempel / Bilder / Fotos /
getrocknete Blätter oder Blüten / Aufkleber

Tag Samstag Datum 3.3.2018

Wir sind von Traumtal

nach Wunschgipfel gewandert.

Das waren 9 km und 700 Höhenmeter.

So steil ging es bergauf:

So steil ging es bergab:

So ging es rauf und runter:

So war das Wetter:

So habe ich mich gefühlt:

Das habe ich gegessen:

Kaiserschmarrn
mit
Apfelmus

Das habe ich getrunken:

Cola :-)

Ich war gemeinsam unterwegs mit:

Mama , Papa, Oma, Opa

Mein Wandertag in sechs Worten:

Gipfel

Eule

viele Wolken

Hütte

über den Wolken

 Schneerest

Spruch des Tages:

Oben ist's am tollsten!

Spiel des Tages:

Ich sehe was, was du...

Lied des Tages:

Hänschen klein

Tiere:

 Eule, Ameise

Fundstücke:

Schraube

Meine drei schönsten Erlebnisse: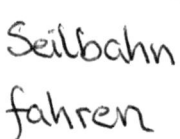

Hütten-mittag	Mama erschre-cken	Seilbahn fahren

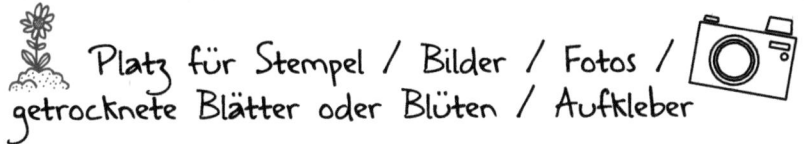 Platz für Stempel / Bilder / Fotos / getrocknete Blätter oder Blüten / Aufkleber

Bibliografische Information der Deutschen Nationalbibliothek:
Die Deutsche Nationalbibliothek verzeichnet diese Publikation in der
Deutschen Nationalbibliografie; detaillierte bibliografische
Daten sind im Internet über http://dnb.d-nb.de abrufbar.

Heike Wolter

Mein Alpentagebuch – Für alle Wander-Erlebnisse in den Bergen

1. Auflage	Februar 2018
© 2018	edition riedenburg
Verlagsanschrift	Anton-Hochmuth-Straße 8, 5020 Salzburg, Österreich
Internet	www.editionriedenburg.at
E-Mail	verlag@editionriedenburg.at
Lektorat	Dr. Caroline Oblasser, Salzburg

Bildnachweis	Cover: Holztüre mit rotem Karoherz © by-studio, Edelweiß in Blüte © Wolfilser, Wanderschuhe mit Blumen © ExQuisine, Murmeltiere und Steinböcke © biker3, Holzschilder © sonne_fleckl, Herbstblatt © Thomas Renz, Grafiken © kartoxjm; alle bei Fotolia.com; weitere Fotos © Dr. Heike Wolter
	Buchblock: Wetter und Smilies © Olga Iermolaieva, Grafiken Klettern und Wandern © kartoxjm, Speisen und Getränke © dikaya888, Tiere und Blumen © notkoo2008, Zettel © picsfive; alle bei Fotolia.com; weitere Fotos © Dr. Heike Wolter, © Dr. Caroline Oblasser

Satz und Layout	edition riedenburg
Herstellung	Books on Demand GmbH, Norderstedt

ISBN 978-3-903085-92-3